FRONTISPICE.

l'Ame s'élève au récit des belles Actions.

ALPHABET FRANÇAIS

*Contenant des leçons pour apprendre à lire,
les principes d'Orthographe et d'Arithmétique
et un abrégé de l'Histoire de France.
Orné de Gravures et des portraits*
DES ROIS DE FRANCE.

S.t Louis rendant la justice à Vincennes

Paris
LIBRAIRIE D'ÉDUCATION
d'Alexis Eymery, Rue Mazarine N.º 30.
1824

qui a fait se mettre à ta[...]e ave[...]
plaisir de se faire servir leur dîner.

Les commerçans d'Aix-la-Chapelle se mo[...]
dignes de répondre aux vues de Charlemagn[...]
sont au nombre de quatre-vingt-dix, outre ce[...]
exercent cent vingt sortes de professions, arts [...]
tiers. On voit ici des manufactures de draps[...]
mirs, wolcoats, aiguilles, dés à coudre, épi[...]
sel ammoniac et bleu de Prusse ; des filatures de[...]
et de coton, des teintureries, des tanneries, sa[...]
ries, bonneteries, chapelleries; des fabriques de b[...]
d'acier, cardes, armes, horlogerie, orfévrerie, [...]
cirées, couvertures, tapis de pied, chaudr[...]
rie, etc. Ces établissemens ne peuvent profite[...]
de trois petits ruisseaux qui traversent la ville[...]
sera-ce si dans l'avenir ils ont pour force motric[...]
dérivation de la Wurm ou du canal du Nord? [...]
ques grands coups de niveau, donnés en 1810, p[...]
tent la pente nécessaire au succès de cette entre[...]
qui immortaliserait le nom d'un autre Chorus. A[...]
du dix-septième siècle, on a eu la sagesse d'a[...]
les règlemens de Colbert pour les draperies. [...]
marient avec tant d'art les laines de France, [...]
pagne et de Saxe, qu'elles livrent à des prix tr[...]
férieurs à ceux de Louviers et Sedan, des [...]
presque aussi belles et aussi durables. Rien n'é[...]
légéreté et le brillant du tissu de leurs draps [...]
rail; elles en fabriquent de Vigogne; on y a su[...]
les casimirs d'Angleterre. Telle est aussi leur [...]
tation que quoique leurs opérations se fassent [...]

ALPHABET
FRANÇAIS.

VERSAILLES.—IMPRIMERIE DE F.-N. ALLOIS,
avenue de Saint-Cloud, n° 3.

PREMIÈRE LEÇON.
Lettres romaines, majuscules et courantes.

Aa	Bb
Cc	Dd
Ee	Ff

Gg	Hh
IJ ij	Kk
Ll	Mm

Nn	Oo
Pp	Qq
Rr	Ss

T t	U u
V v	X x
Y y	Z z

DEUXIÈME LEÇON.
Majuscules et Minuscules italiques.

A *a*	*B* *b*	*C* *c*
D *d*	*E* *e*	*F* *f*
G *g*	*H* *h*	*I J* *i j*
K *k*	*L* *l*	*M* *m*

N	O	P
n	o	p
Q	R	S
q	r	s
T	U	V
t	u	v
X	Y	Z
x	y	z

TROISIÈME LEÇON.

Lettres d'Écriture.

A	B	C	D	E	F
a	b	c	d	e	f
G	H	I	J	K	L	M
g	h	i	j	k	l	m
N	O	P	Q	R	S
n	o	p	q	r	s
T	U	V	X	Y	Z
t	u	v	x	y	z

QUATRIÈME LEÇON.

Lettres doubles et Lettres liées ensemble.

Romain.   Italique.

Æ OE W   *Æ OE W*

Romain.

æ œ ff fi ffi fl w

Italique.

œ œ ff fi ffi fl w

Lettres accentuées.

é........ avec l'accent *aigu.*
à è ù............... *grave.*
â ê î ô û............ *circonflexe.*
ë ï ü............... *tréma.*
ç.................. *cédille.*

Signes de la ponctuation et autres.

, Virgule.   . Point.
; Point-virgule.   ? Point d'interrogation.
: Deux-points.   ! Point d'exclamation.

' Apostrophe.   ( ) Parenthèses.
- Trait d'union.   » Guillemet.

CINQUIÈME LEÇON.

Syllables simples.

ba	be	bi	bo	bu
ca	ce	ci	co	cu
da	de	di	do	du
fa	fe	fi	fo	fu
ga	ge	gi	go	gu
ha	he	hi	ho	hu
ja	je	ji	jo	ju
ka	ke	ki	ko	ku
la	le	li	lo	lu
ma	me	mi	mo	mu
na	ne	ni	no	nu
pa	pe	pi	po	pu
qua	que	qui	quo	qu
ra	re	ri	ro	ru
sa	se	si	so	su
ta	te	ti	to	tu
va	ve	vi	vo	vu
xa	xe	xi	xo	xu
za	ze	zi	zo	zu

SIXIÈME LEÇON.

Syllabes composées.

Mots d'une seule syllabe.

Dieu	Roi	Ciel	feu
Eau	bien	mal	oui
Non	pain	vin	moi.

Mots de deux Syllabes.

Fran ce   ar mée   Pa ris
Gloi re   sol dat   sage.

Mots de trois syllabes.

Mo nar que   sa ges se
His toi re   vé ri té.

Mots de quatre syllabes.

At ten ti on   sé vé ri té.
Com man de ment   do ci li té.

SEPTIÈME LEÇON.

Phrases à épeler.

Dieu, mon pè re, le prin ce.

Dieu est le maî tre de tout.

Il a cré é le monde et tout ce qui res pire.

Les enfans o bé is sent à leur pè re.

Les hom mes o bé is sent aux rois.

Les rois o bé is sent à Dieu.

Lou ons, ho no rons Dieu.

Ché ris sons nos pa rens.

Res pec tons les rois.

HUITIÈME LEÇON.

La sagesse, la vertu et la probité sont les qualités principales d'un homme d'honneur.

L'enfant indocile n'est pas sage. S'il n'est pas sage, il ne sera pas vertueux. Sans vertu point de probité. L'enfant indocile ne deviendra donc point un homme d'honneur.

Observez religieusement les lois et les commandemens de l'Église, suivez les conseils de vos parens, mettez beaucoup d'application dans vos études; vous apprendrez ainsi à discerner le bien d'avec le mal, et vous reconnaîtrez que rien au monde n'est admirable comme la sagesse et la vertu.

Lectures.

Justin a cinq ans ; depuis long-temps il lit à merveille ; maintenant il apprend par cœur les leçons qu'on lui donne, et les récite à haute voix sans en oublier un mot ; aussi Justin est-il chéri de ses parens ; on le fête, on l'embrasse. Justin deviendra savant, parce qu'il aime à s'instruire. Voici une lecture qu'il a faite hier devant moi, et à laquelle il m'a paru prendre un grand plaisir ; il était facile de s'apercevoir que Justin comprenait bien ce qu'il lisait.

De l'Éducation.

« La bonne éducation est la source de la
» vertu et de l'honneur ; sans elle tous les pré-
» sens de la fortune, tous les dons de la nature
» deviennent inutiles ou dangereux ; c'est elle
» qui apprend aux hommes à remplir digne-
» ment les diverses fonctions auxquelles ils
» sont appelés dans le monde ; elle forme les
» pères et les mères de famille, les rois, les
» magistrats, les ministres, les guerriers, les
» prêtres du Seigneur ; en un mot, c'est le
» seul bien durable. »

Auguste a un joli visage ; lorsqu'on voit Auguste pour la première fois, on le croit aimable, et il n'en est rien. Dès qu'on le connaît bien, on ne saurait l'aimer. Auguste lit fort mal; il cache ses livres ou les déchire quand vient l'heure de sa leçon. S'il apprend quelques lignes, il vient en pleurant en réciter une partie entre ses dents, et il oublie le reste. Malgré son joli visage, Auguste est chaque jour grondé de ses parens, et n'est caressé de personne. C'est en vain qu'il accuse son esprit et sa mémoire. Ecoutez la lecture que lui fit sa mère l'autre jour.

« L'esprit se nourrit et se fortifie par de
» bonnes lectures; s'il est stérile, l'étude su-
» plée à sa stérilité, et lui fait tirer d'ailleurs
» ce qui lui manque. L'étude fait acquérir
» l'heureuse habitude du travail; elle en adou-
» cit la peine; elle éloigne l'oisiveté et les mau-
» vais penchans; elle arrête et fixe la légèreté
» de l'esprit. L'étude nous apprend que le vé-
» ritable bonheur est inséparable de la vertu,
» et qu'il n'y a rien de doux et de consolant,
» comme l'amour de ses parens et l'approba-
» tion des gens de bien. »

PRINCIPES DE GRAMMAIRE.

L'IGNORANCE de sa langue maternelle est dans un jeune homme le signe certain ou d'une éducation négligée ou d'un esprit borné. Un enfant doit donc mettre toute son attention à bien parler, s'il ne veut point passer ou pour un sot ou pour un ignorant.

Mais pour parler correctement, il faut connaître les principes de sa langue : c'est la Grammaire qui les indique.

Je vais, mes chers amis, vous donner quelques notions de cette science, la première de toutes; elles vous prépareront à une étude plus sérieuse.

Des Lettres et des Mots.

Pour exprimer votre pensée vous employez des *mots*. Les mots sont composés de *lettres,*

Des Lettres.

On distingue deux sortes de lettres, les *voyelles* et les *consonnes*.

Les voyelles sont *a, e, i, o, u, y*. On les nomme *voyelles*, parce que chacune d'elles forme une seule *voix*, ou un son.

Les consonnes sont *b, c, d, f, g, h, j, k, l, m, n, p, q, r, s, t, v, x, z*. On les nomme *consonnes*, parce que chacune d'elles ne peut former un *son* qu'*avec* le secours d'une voyelle, comme vous l'avez vu dans *ba, be, bi, bo, bu*, etc.

Des Mots, des Genres, et des Nombres.

Les mots sont les parties du Discours; on compte dix sortes de mots, savoir : l'*article*, le *nom*, l'*adjectif*, le *pronom*, le *verbe*, le *participe*, l'*adverbe*, la *préposition*, la *conjonction*, l'*interjection*.

Dans les mots il faut considérer les *genres* et les *nombres*. Cette distinction est indispensable pour l'accord des mots.

Il y a deux *genres*, le *masculin* et le *féminin*.
Il y a deux *nombres*, le *singulier* et le *pluriel*.

De l'Article.

L'article est un mot qui se met devant les noms pour en *articuler* ou en désigner le genre et le nombre. Nous n'avons qu'un article; il se prononce *le, la, les*.

Le se place devant un nom masculin singulier; *la* devant un nom féminin singulier; *les* devant tous les noms pluriels, soit masculins, soit *féminins*.

Ainsi, l'on reconnaît qu'un nom est du genre masculin quand on peut le faire précéder du mot *le*, comme *le livre, le château*. Un nom est du genre féminin si, devant ce nom, l'on peut mettre l'article *la*, comme *la maison, la plume*. Plaçons le mot *les* devant ces mêmes noms, et nous aurons, pour le masculin pluriel, *les livres, les châteaux* ; pour le féminin pluriel, *les maisons, les plumes*.

Vous pouvez maintenant distinguer le masculin d'avec le féminin. Rappelez-vous aussi que le *singulier* n'indique qu'un objet, et que le *pluriel* en désigne plusieurs.

Remarque. Lorsque l'article *le, la* précède un mot commençant par une voyelle ou par une *h* muette, on en retranche les lettres *e* ou *a*, que l'on remplace par l'apostrophe, pour éviter un son dur à l'oreille; ainsi l'on dit : *l'amitié, l'honneur*, pour ne pas dire *la amitié, le honneur*. Ce retranchement se nomme élision. Il n'a pas lieu quand l'*h* est aspirée, comme dans les mots *honte, héros*, et beaucoup d'autres, dont vous apprendrez la prononciation par de fréquentes lectures, et surtout dans les Dictionnaires. Vous y verrez qu'il faut prononcer *la honte, le héros, la harpe*, etc., etc.

Du Nom.

Le nom est un mot qui sert à désigner, à *nommer* une personne ou une chose, comme *maison, arbre ; peuple, troupeau ; homme, cheval ; Paris, Philippe.*

On distingue plusieurs sortes de noms ; le nom *substantif,* le nom *collectif,* le nom *commun,* le nom *propre.*

Arbre, maison, sont des noms substantifs, parce qu'ils appartiennent à des substances.

Peuple, troupeau, sont des noms collectifs, parce qu'ils désignent plusieurs individus d'une même espèce, et ne formant qu'un tout.

Homme, cheval, sont des noms communs, parce qu'ils appartiennent également à chaque individu d'une même espèce.

Paris, Philippe, sont des noms propres. Un nom propre désigne particulièrement un individu ou une chose. *Paris* ne désigne qu'une ville ; *Philippe* n'indique que l'homme qui porte ce nom.

Les noms propres n'ont point de pluriel.

Les noms substantifs, collectifs et communs reçoivent une *s* ou un *x* à leur terminaison pour indiquer le pluriel ; on écrit les arbre*s*, les maison*s*, les chevau*x*, les troupeau*x*.

Remarque. Les noms dont le singulier est terminé par *s*, *x* ou *z* ne changent point au pluriel ; on dit *un* avis, *les* avis ; *le* nez, *les* nez ; *le* prix, *les* prix.

Les noms singuliers qui se terminent par *al* ou *ail*, font *aux* pour le pluriel : journ*al*, jour*naux* ; soupir*ail*, soupir*aux*.

Il y a quelques exceptions, comme *bal*, qui fait au pluriel *bals* ; dét*ail*, dét*ails*, etc.

De l'adjectif.

L'*Adjectif* est un mot que l'on *ajoute* à un nom pour le qualifier, comme *aimable* enfant, *bon* cœur, *belle* écriture. Les mots *aimable, bon, belle* sont des adjectifs joints à des noms.

On connaît qu'un mot est adjectif quand on peut y joindre le mot *personne* ou le mot *chose* ; ainsi *honnête, agréable* sont des adjectifs, parce qu'on peut dire une *personne honnête,* une *chose agréable.*

Les adjectifs doivent toujours s'accorder en nombre et en genre avec les noms auxquels ils sont joints.

Dans la plupart des adjectifs, le féminin se forme par un *e* muet que l'on ajoute à leur terminaison, comme *prudent, prudente ; grand, grande ; méchant, méchante.*

Il est des adjectifs qui au féminin doublent leur dernière consonne ou changent leur dernière syllabe, comme *pareil, nouveau, blanc, malin, trompeur,* etc., qui font *pareille, nouvelle, blanche, trompeuse.*

Le pluriel dans les adjectifs se forme comme dans les noms, en ajoutant une *s* ou une *x* à la fin ; *sage,* sages ; *bon* ou *bonne,* bons ou bonnes ; *nouveau,* nouveaux.

Les adjectifs ont trois degrés de signification, le *positif,* le *comparatif,* le *superlatif.*

Le *positif* est l'adjectif simple, comme *honnête, agréable,* etc.

Le *comparatif* présente l'adjectif simple avec comparaison. Vous dites qu'une personne est *honnête,* voilà le positif. Vous comparez cette personne à une autre, et vous trouvez que celle-ci est *aussi* honnête, ou *plus* honnête, ou *moins* honnête ; voilà le comparatif.

Le *superlatif* est le degré supérieur d'un objet considéré seul, comme *très*-agréable, *très*-beau, *très*-grand.

Du Pronom.

Le *pronom* est un mot qui se met à la place du nom, ou *pour le nom.* On distingue plusieurs sortes de pronoms.

Les *pronoms personnels* désignent les personnes. Il y a trois personnes; la première est celle qui parle, la seconde celle à qui l'on parle, la troisième celle de qui l'on parle.

Les pronoms de la première personne sont, au singulier, *je, me, moi*; au pluriel *nous*.

Les pronoms de la seconde personne sont, au singulier, *tu, te, toi*; au pluriel, *vous*. C'est par politesse qu'on dit *vous* à une seule personne.

Les pronoms de la troisième personne sont, au masculin singulier, *il, lui, le*; au féminin singulier, *elle, la*; au masculin pluriel, *ils, eux*; au féminin pluriel, *elles, leur, les*; *soi, se* sont des deux genres et des deux nombres.

Les *pronoms possessifs* marquent la possession d'une chose. *Mon, ma, ton, sa, tien, mien, nos, votre*, etc., sont des pronoms possessifs. On exprime à qui la possession d'une chose appartient, lorsqu'on dit : *mon* chapeau, *ma* plume, *ton* livre, *sa* maison, *la* tienne, *la* mienne, *nos* joujoux, *votre* montre.

Les pronoms *mon, ton, son*, conservent leur terminaison devant les noms féminins commençant par une voyelle. On dit *mon* âme, *ton* amie, *son* épée, parce qu'il serait trop désagréable de dire *ma* âme, *ta* amie *sa* épée.

Les *pronoms démonstratifs* servent à désigner la chose dont on parle. En disant *cette* table, *ce* cahier, *ces* plumes, vous montrez ou vous indiquez une *table*, un *cahier*, des *plumes*. *Cette, ce, ces*, sont donc des pronoms démonstratifs.

Les *pronoms relatifs* sont ceux qui ont rapport aux noms qui les précèdent. Exemple : le livre *que* vous m'avez donné... Les personnes *qui* m'écoutent... Le papier *dont* vous vous servez... *Que, qui, dont* sont des pronoms relatifs.

Les *pronoms indéfinis* sont ceux qui annoncent un objet indéterminé. L'*un*, l'*autre*, *chacun*, *aucun*, *tel*, *quiconque*, etc., sont des pronoms indéfinis.

Du Verbe.

Le *verbe* est un mot qui exprime l'*existence* d'une personne, ou ce qu'elle fait, c'est-à-dire son *action*.

On connaît qu'un mot est *verbe* quand devant ce mot on peut mettre les pronoms *je, tu, il* ou *elle ; nous, vous, ils,* ou *elles.*

Lorsque vous dites : je *suis*, tu *es*, il *est* ; nous *sommes*, vous *êtes*, ils *sont*, vous exprimez l'*existence*.

Le mot *chante* est un verbe ; on peut dire : je

chante, tu *chantes*, il ou elle *chante* ; nous *chantons*, vous *chantez*, ils ou elles *chantent*. Vous exprimez par-là une *action*, qui est celle de *chanter*.

Les verbes prennent les deux nombres. On dit, au singulier, *je lis, tu lis, il lit;* au pluriel, *nous lisons, vous lisez, ils lisent*.

Les verbes ont trois temps : le PRÉSENT, comme *je suis, je lis;* le PASSÉ, comme *j'ai été, j'ai lu;* le FUTUR, comme *je serai, je lirai*.

Les verbes ont *cinq modes* ou manières pour exprimer une action.

L'*indicatif* indique l'action que l'on fait, que l'on a faite, ou que l'on fera, comme *je lis, j'ai lu, je lirai*, etc.

Le *conditionnel* exprime qu'une chose serait ou aurait été, moyennant une condition que l'on désigne, comme *je vous aimerais bien si vous étiez sage ; je vous aurais aimé si vous aviez été sage*.

L'*impératif* invite ou commande à faire une chose, comme *écrivez, tâchez de bien écrire*.

Le *subjonctif* s'emploie lorsqu'on souhaite ou qu'on doute qu'une chose se fasse, comme *je désire que vous deveniez prudent ; je doute que vous soyez sage*.

L'*infinitif* exprime l'action ou l'état en gé-

(Alph. fr.)

néral, sans définir ni la personne, ni le nombre, ni le temps, comme *être, lire, chanter*.

Les verbes se conjuguent. *Conjuguer* un verbe, c'est réciter ses différens modes avec tous leurs temps, leurs nombres, leurs personnes. C'est dans la Grammaire que vous puiserez des connaissances plus étendues sur *les verbes* et sur *les participes*.

De l'Adverbe.

L'*adverbe* est un mot qui se joint *au verbe*, pour indiquer de quelle manière se fait l'action. *Ardemment, sagement, attentivement,* sont des adverbes, parce qu'ils peuvent s'employer pour exprimer qu'on *prie ardemment*, qu'on se *conduit sagement,* qu'on *regarde attentivement*.

On compte sept sortes d'adverbes. *Adverbes de qualité*, comme *sagement, attentivement*. — *Adverbes de temps*, comme *hier, aujourd'hui, demain*. — *Adverbes d'ordre,* comme *premièrement, secondement,* etc. — *Adverbes de lieu*, comme *ici, là, où, loin*. — *Adverbes de quantité*, comme *peu, beaucoup*. — *Adverbes affirmatifs ou négatifs*, comme *oui, non*. — *Adverbes comparatifs*, comme *plus, moins, davantage*.

De la Préposition.

La *préposition* se *pose devant* un nom ou un pronom, sans désigner aucune qualité; elle sert à joindre le mot qui la précède au mot qui la suit. *De, dans, sur, avec*, sont des prépositions, dont vous reconnaîtrez facilement l'emploi dans ces phrases : le fruit *de* l'arbre; je suis *dans* ma chambre; le flambeau est *sur* la table; je sors *avec* mon frère.

De la Conjonction.

La *conjonction* est un mot qui sert à joindre une phrase à une autre phrase. Par exemple : *il rit* et *il pleure en même temps*. Le mot *et* lie la première phrase, *il rit*, avec la seconde, *il pleure*.

Et, ou, ni, mais, car, etc., sont des conjonctions.

De l'Interjection.

L'*interjection* est un mot dont on se sert pour exprimer les diverses sensations que l'on éprouve, comme la surprise, la joie, la douleur, l'impatience, l'encouragement, etc. Ces mots : *ah, aïe, hélas, hè, eh, ouf*, sont des interjections.

Des Accens.

On nomme *accent*, ou *son de voix*, les différens signes que reçoivent les voyelles pour indiquer la prononciation.

L'accent *aigu* (´) ne se place que sur la voyelle e, que l'on nomme alors *é fermé*, comme dans *bonté, fidélité, piété*.

L'accent *grave* (`) se met également sur les voyelles *a, e, u*. L'è avec un accent grave se nomme *è ouvert*, parce qu'il faut plus ouvrir la bouche pour le prononcer que pour prononcer l'*é fermé*. L'è est ouvert dans les mots *succès, procès, accès*. — L'accent grave se place sur *a* et *u*, dans les mots *là, où*, qui sont adverbes, pour les distinguer de *la* article, et de *ou* conjonction. Un *a* tout seul forme souvent un mot. Quand il est verbe il ne prend point d'accent, et quand il est préposition il reçoit l'accent grave, comme dans cette phrase : il *a* été *à* Paris.

L'accent *circonflexe* (ˆ) se met également sur les voyelles *a, e, i, o, u*, dans les mots dont la prononciation est longue, comme dans *pâle, même, abîme, dôme, flûte*.

L'accent *tréma* (¨) se pose sur les voyelles *e, i, u*, lorsqu'elles sont précédées d'une autre voyelle, pour indiquer qu'elles doivent être prononcées séparément, comme dans ces mots : *poëte, naïve, cigüe*.

La *cédille* (҉) se place sous la lettre *c*, pour lui donner la prononciation d'une *s* devant les lettres *a*, *o*, *u*, comme dans les mots : *François, maçon, reçu*.

L'*apostrophe* (') tient lieu d'un *a* ou d'un *e* devant les mots commençant par une voyelle, comme dans ces mots : *j'aime, l'amitié*, au lieu de *je aime, la amitié*.

Le *trait d'union* (-) sert à joindre deux ou plusieurs mots, qui réunis n'en forment qu'un, comme *arc-en-ciel, avant-hier*, etc.

Les *guillemets* («) accompagnent les citations, ou les maximes tirées de différens auteurs, pour être placées dans un autre ouvrage. Exemple : « Qui commet le péché est enfant du diable. » *Épître saint Jean*.

Les *parenthèses* ( ) servent à renfermer quelques phrases qu'on pourrait supprimer dans un discours, sans en interrompre le fil. Exemple : Mes chers enfans, dit-il (à ses fils il parlait).

De la Ponctuation.

Ponctuer, c'est mettre entre les mots, entre les phrases, des signes qui indiquent au lecteur les repos à observer pour l'intelligence du style.

La *virgule* (,) ne demande qu'une légère pause.

Le *point-virgule* (;) réclame un repos un peu plus long.

Le *deux-points* (:) indique un repos encore plus long.

Le *point* (.) exige un repos marqué; il indique que le sens est fini.

Le *point interrogatif* (?) termine le sens d'une interrogation.

Le *point exclamatif* (!) s'emploie pour exprimer la crainte ou l'admiration.

La phrase suivante vous fera connaître la valeur et l'emploi des signes de la ponctuation :

« Aujourd'hui, mes enfans, je suis content
» de vous; vous avez lu à merveille : ce n'est
» pas votre habitude. Pourquoi ne lisez-vous
» pas toujours de même? Il est pourtant bien
» doux de contenter son père ! »

PRINCIPES D'ARITHMÉTIQUE.

Tableau des Nombres.

Chiffres arabes.	Nombres cardinaux.	Nombres ordinaux.	Chiffres romains.
1	un	premier	I.
2	deux	second	II.
3	trois	troisième	III.
4	quatre	quatrième	IV.
5	cinq	cinquième	V.
6	six	sixième	VI.
7	sept	septième	VII.
8	huit	huitième	VIII.
9	neuf	neuvième	IX.
10	dix	dixième	X.
20	vingt	vingtième	XX.
30	trente	trentième	XXX.
40	quarante	quarantième	XL.
50	cinquante	cinquantième	L
60	soixante	soixantième	LX.
70	soixante-dix	soix.-dixième	LXX.
80	quatre-vingts	quatre-vingtièm	LXXX.
90	quatre-vingt-dix	quatre-vingt-dixième	XC.
100	cent	centième	C.

Les Chiffres.

1, 2, 3, 4, 5, 6, 7, 8, 9, sont des *nombres* simples.

Les *dizaines* se forment en ajoutant un chiffre à la gauche d'un autre chiffre : ainsi, en ajoutant un pareil chiffre à chacun des chiffres 1, 2, 3, 4, 5, 6, 7, 8, 9, nous aurons 11, 22, 33, 44, 55, 66, 77, 88, 99 ; c'est-à-dire, autant de dizaines que d'unités dans chaque nombre ; car, dans *onze* (11), nous avons une dizaine et une unité ; dans *vingt-deux*, deux dizaines et deux unités, et ainsi de suite.

Les *centaines* se marquent de même, en ajoutant un troisième chiffre, toujours à la gauche du dernier placé : ainsi 12 fera 112 ; 22, 222 ; 33, 333 ; 44, 444 ; 55, 555 ; 66, 666 ; 77, 777 ; 88, 888 ; 99, 999.

Les *mille, dizaines de mille*, etc., se marquent par un quatrième ou un cinquième chiffre, toujours en allant à gauche.

Seul, le *zéro* n'a aucune valeur ; placé après un nombre simple, il augmente ce nombre d'autant de dizaines qu'il marquait d'unités :

ainsi, 1 fera 10; 2, 20; 3, 30; 4, 40; 5, 50; 6, 60; 7, 70; 8, 80; 9, 90.

Ces mêmes nombres augmentés d'un second *zéro*, produiront autant de centaines qu'ils comportaient de dizaines; et si nous en ajoutons un troisième, nous aurons des mille : ainsi, le nombre 10 fera 100, et 100 fera 1000.

Les trois premières règles du calcul sont : l'*addition*, la *soustraction*, la *multiplication*.

L'*Addition*.

L'*addition* fait connaître le total de plusieurs nombres en les ajoutant les uns aux autres. Par exemple : Je donne à Auguste *trois* prunes, *trois* à Philippe, et *deux* à Lolotte. Pour savoir combien j'ai donné en tout de prunes, je place ainsi mes différens nombres :

3   Et je dis : 3 et 3 font 6; 6 et 2 font 8;
3.   J'ai donc donné en tout 8 prunes.
2
—
8

La *Soustraction*.

Mais Auguste et Philippe m'ont rendu chacun une prune, ne voulant pas en avoir plus que leur sœur. Pour rétablir exactement mon total, je dirai :

de 8 prunes
ôtez 2 prunes,
―――
restent 6 prunes ;

et j'aurai fait une soustraction, dont l'objet est de *soustraire* un nombre moindre d'un plus grand pour savoir ce qu'il en reste.

La Multiplication.

Si je donne à Auguste 3 prunes par jour, pour son déjeûner, combien en aura-t-il mangé dans une semaine ? Une semaine est composée de sept jours ; eh bien, *multiplions*...... 7
par.................... 3
―――
nous saurons que 3 fois 7 font............ 21

et que, par conséquent, Auguste mangera 21 prunes dans une semaine, si par jour je lui en donne trois.

Petit Tableau de multiplication.

2 fois 2 font 4
2 fois 3 font 6
2 fois 4 font 8
2 fois 5 font 10
2 fois 6 font 12
2 fois 7 font 14
2 fois 8 font 16
2 fois 9 font 18
2 fois 10 font 20

3 fois 3 font 9
3 fois 4 font 12
3 fois 5 font 15
3 fois 6 font 18
3 fois 7 font 21
3 fois 8 font 24
3 fois 9 font 27
3 fois 10 font 30

4 fois 4 font 16
4 fois 5 font 20
4 fois 6 font 24

4 fois 7 font 28
4 fois 8 font 32
4 fois 9 font 36
4 fois 10 font 40

5 fois 5 font 25
5 fois 6 font 30
5 fois 7 font 35
5 fois 8 font 40
5 fois 9 font 45
5 fois 10 font 50

ABRÉGÉ
DE L'HISTOIRE DE FRANCE.

Les premières connaissances qu'un enfant doit s'appliquer à acquérir, sont sans contredit les principes de sa religion, et les principes de sa langue; mais il est encore une occupation qui réclame en même temps une part de son attention; c'est la lecture de l'histoire de son pays : voilà le plus beau, le plus noble délassement d'un enfant bien né. L'âme s'élève au récit des belles actions, des hauts faits de nos ancêtres, et l'histoire, en nous montrant la vertu honorée et le vice puni, ouvre notre cœur à l'une, et le fortifie contre l'autre. Un jeune homme, d'ailleurs, qui ne sait pas l'histoire de son pays, en même temps qu'il fait preuve d'une grande ignorance, paraît un étranger dans sa propre patrie.

LA FRANCE AVANT SES ROIS.

Le beau pays que nous habitons ne s'est pas toujours nommé *France ;* jadis il fut *les Gaules.* On ignore l'origine des Gaulois; seulement on sait qu'ils se sont rendus célèbres dans l'antiquité, et qu'ils ont plus d'une fois fait trembler les Romains. Cependant Jules-César parvint à les soumettre ; ce grand capitaine se rendit maître des Gaules, l'an 56 avant la naissance de J.-C.

Quatre cents ans environ après la conquête de César, les *Francs* se répandirent en vainqueurs dans nos contrées, sous la conduite de Pharamond, leur chef.

Les Francs sortaient d'une petite contrée de l'Allemagne, nommée Franconie. Leur pays, resserré entre le Rhin et le Weser, ne leur offrant que des marais et des bois, ils cherchèrent à s'établir dans des contrées plus riantes et plus vastes. Ce fut la Gaule-Belgique qui d'abord céda à leurs armes.

Peu à peu les Gaulois prirent les mœurs et les habitudes de leurs vainqueurs; ils en conservèrent le nom de *Francs*, dont on a fait *France* et *Français*. Tous ces peuples étaient encore livrés au paganisme; ils adoraient des idoles.

PHARAMOND.

Les premiers Francs élurent roi Pharamond, et le proclamèrent en cette qualité en le promenant sur un bouclier autour de son camp.

Pharamond établit la loi Salique, en vertu de laquelle les femmes, en France, sont exclues de la couronne. Il mourut sans avoir augmenté de beaucoup ses premières conquêtes.

Clodion, dit *le Chevelu*.

Clodion, fils de Pharamond, succéda à son père. Il augmenta les possessions des Francs dans les Gaules, et fut par son courage redoutable aux Romains. Il mourut en 448.

Mérovée.

Mérovée, prince du sang royal, mais non de la branche régnante, monta sur le trône. Il fit oublier son usurpation par sa bravoure et par ses vertus.

Attila, roi des Huns, et surnommé le *fléau de Dieu*, était venu fondre sur les Gaules, où il portait le ravage et la mort : Mérovée le mit en déroute dans les plaines de Champagne.

Childéric.

Childéric, fils de Mérovée, se montra indigne du trône par sa mauvaise conduite ; on l'en chassa. Il y remonta cependant ; mais il ne mérite d'être cité que parce qu'il donna le jour au grand Clovis, le premier de nos rois chrétiens, et le fondateur de la monarchie française.

ROIS DE LA PREMIÈRE RACE.

486. — Clovis.

L'an de J.-C. 486, Clovis monte sur le trône. Il n'était encore âgé que de quinze ans, et déjà il déployait les plus grandes qualités.

Clovis marche contre Syagrius, gouverneur romain dans les Gaules; il le défait, s'empare d'un grand nombre de provinces, et déclare Paris la capitale de son royaume.

Le victorieux monarque unit ensuite son sort à une femme digne de lui; il épousa la vertueuse Clotilde, princesse chrétienne qui mérita par sa piété d'être mise au rang des Saints. Clovis suivait encore le culte des faux dieux; il dut aux sages conseils de Clotilde la connaissance de la vraie religion.

Les Allemands menaçaient le royaume de Clovis; déjà ils en occupaient les frontières. Clovis les attaque dans les plaines de Tolbiac; le combat est sanglant. Les Français sont d'abord repoussés : « Dieu de Clotilde, s'écrie » alors leur roi en levant les yeux au ciel, tu » seras mon Dieu si tu m'accordes la victoire! »

Et aussitôt la victoire passe dans l'armée de Clovis.

Fidèle à son vœu, l'époux de Clotilde demande le baptême, et le reçoit des mains de saint Remy, l'an 496. Le prélat dit ces paroles au monarque en le baptisant : « Brûlez ce que vous » avez adoré, et adorez ce que vous avez brûlé. »

La conversion de Clovis entraîna celle de la plupart de ses sujets, et bientôt la religion chrétienne devint la religion des Français.

Clovis fut grand capitaine et bon politique; il mourut en 511, après un règne de trente ans. On l'inhuma dans l'église Sainte-Geneviève, qu'il avait fait bâtir.

511. — CHILDEBERT.

Clovis laissa quatre fils, qui se partagèrent ses États. Thierry fut roi d'Austrasie, dont la capitale était Metz; Clodomir eut l'Orléanais; Clotaire devint roi de Soissons; le royaume de Paris échut à Childebert.

Ce prince ne se fit point aimer. Il régna quarante-sept ans.

558. — CLOTAIRE Ier.

Thierry, Clodomir et Childebert étant morts sans enfans, Clotaire réunit sous ses lois toute la monarchie française. Ce prince était courageux, libéral, mais ambitieux ; il ne put jouir de l'accroissement de sa puissance ; un fils qu'il chérissait leva contre lui l'étendard de la révolte.

Ce fils dénaturé, nommé Chramne, força son père de lui livrer bataille ; il fut vaincu, et brûlé dans une chaumière où il s'était réfugié.

Clotaire mourut âgé de 64 ans ; il en régna cinquante, tant à Soissons qu'à Paris.

562. — CARIBERT.

Le royaume fut de nouveau partagé entre les fils de Clotaire ; ils étaient quatre. Celui qui régna à Paris se nommait Caribert ; il avait des qualités solides, mais son peuple ne put en profiter ; il mourut peu de temps après son élévation au trône.

566. — CHILPÉRIC Ier.

Chilpéric Ier, 4e fils de Clotaire, fut presque toujours en guerre avec ses frères. Il mourut assassiné en 584.

584. — CLOTAIRE II.

Clotaire II, fils de Chilpéric, n'avait que

quatre mois quand son père mourut. Frédégonde, sa mère, fut régente.

Les différens princes de la famille royale étant morts successivement, Clotaire devint seul maître de la France. Il fut juste et bon, et mourut regretté de ses peuples, après un règne de quarante-quatre ans.

628. — Dagobert Ier.

Dagobert, fils de Clotaire, établit le bon ordre dans toutes les branches de l'administration, fit fleurir les lois, et fonda un grand nombre d'établissemens pieux : on lui doit, entr'autres, la création de l'abbaye de Saint-Denis, où il fut par conséquent enterré le premier. Il eut pour ministre le vertueux saint Eloi.

Dagobert mourut à trente-six ans, après en avoir régné dix.

638. — Clovis II *et ses successeurs.*

Clovis II, fils de Dagobert, régna vingt-deux ans. Il vécut sans gloire, parce qu'il laissa usurper l'autorité royale par les maires du Palais, officiers de la maison du roi.

Ses successeurs l'imitèrent, et cette indolence, dont il avait donné le dangereux exemple, fit nommer *Fainéans* les douze derniers rois de la première race, qui s'éteignit dans la personne de Childéric III. Ce prince fut détrôné, et enfermé dans un monastère, où il mourut en 754.

Les maires du palais, revêtus de toute l'autorité, conservèrent aux rois *fainéans* le titre de monarque, et régnèrent à leur place, sous celui de ducs des Français. Les plus célèbres sont Charles-Martel et Pépin-le-Bref. Le dernier commença une nouvelle dynastie.

Ainsi finit la première race, dite des *Mérovingiens*, du nom de *Mérovée*, après 333 ans d'existence depuis Pharamond.

ROIS DE LA SECONDE RACE.

751. — Pépin, dit *le Bref*, fils de *Charles Martel*.

Pépin, n'étant encore que duc des Français, avait acquis l'amour du peuple et le respect des grands. L'autorité royale se trouvant avilie, rien ne l'empêcha de monter sur le trône. Il fut proclamé roi de France par les États du royaume.

Le nouveau monarque eut des guerres à soutenir, des révoltes à apaiser, des rébellions à punir ; toujours il se montra grand roi, profond politique, guerrier invincible. Sa haute et prévoyante sagesse donna lieu à ce proverbe : *Prudent comme Pépin.*

Le surnom de *Bref* lui fut donné à cause de sa petite taille ; toutefois il avait une grande force de corps. Assistant à un combat de bêtes féroces, il proposa à quelques seigneurs de sa suite de faire lâcher prise à un lion qui tenait un taureau par le cou. Aucun n'osa l'entreprendre ; Pépin descend aussitôt dans l'arène : d'un premier coup de sabre il fait tomber la tête du lion, et d'un second celle du taureau. « David était petit, dit alors le roi d'un ton fier ; « mais il terrassa l'orgueilleux géant qui avait » osé le mépriser. » Parmi les seigneurs, il s'en trouvait qui l'avaient plaisanté sur sa petite taille ; ils restèrent confondus.

Pépin fut atteint d'une fièvre violente dont il mourut, en 768, à l'âge de cinquante-quatre ans.

Charles-Martel, par son mérite seul, était parvenu au comble des honneurs et de la gloire.

Pépin suivit ses traces avec succès ; mais, plus grand que son père, il eut un fils encore plus grand que lui, comme on a voulu l'indiquer par l'épitaphe mise sur sa tombe : *Ci-gît Pépin, père de Charlemagne.*

769. — CHARLES dit *le Grand*, ou CHARLEMAGNE.

Charlemagne entreprend contre les Saxons une guerre qui dure trente-trois ans. Dès la première année, il leur livre un combat sanglant sur leur territoire, et détruit leurs temples, où ils adoraient de faux dieux.

En 774, il passe en Italie pour punir Didier, roi des Lombards, qui venait d'envahir quelques possessions du pape. L'usurpateur est vaincu, fait prisonnier, et Charlemagne reçoit la couronne de la Lombardie. Le pape lui confirme le patriarchat de Rome, et le droit d'ordonner de l'élection des papes.

Les Saxons se révoltent : Charlemagne court les soumettre, et revient en Italie.

En 778, il passe en Espagne pour rendre Sarragosse à un prince que ses sujets rebelles en avaient chassé ; mais à son retour les Gascons attaquent son arrière-garde dans la vallée de Roncevaux, célèbre par la bataille qu'y perdirent les Français, et dans laquelle le fameux Roland fut tué.

De nouveaux succès, qui l'attendaient en Allemagne, lui font oublier ce revers.

Charlemagne, couvert de gloire, marche en triomphe à Rome, où il est couronné *empereur d'Occident*, par le pape Léon III, en 800. Les Romains lui prêtent serment d'obéissance; les titres de *César*, d'*Auguste*, de *Grand*, lui sont décernés à l'envi.

Charlemagne était alors le plus puissant monarque de l'Europe; il réunissait sous son empire toutes les Gaules, une province d'Espagne, une partie de l'Italie, toute l'Allemagne, et les Pays-Bas.

Revenu en France, il prouva que s'il était grand capitaine, il avait aussi les qualités d'un grand roi. Il s'appliqua à policer ses États; il visita les ports et établit la marine; il régla le prix des étoffes, ordonna l'égalité des poids et mesures dans tout son empire, encouragea les arts et l'industrie, et rendit un grand nombre de lois, toutes remarquables par leur sagesse. Il est le fondateur de l'Université de Paris.

Charlemagne avait de la douceur dans le caractère; il était affable avec tout le monde ses manières étaient simples et modestes; il aimait par-dessus tout à faire le bien, et répandait beaucoup d'aumônes.

Il vécut soixante-onze ans, et en régna quarante-sept.

815. — Louis Ier, dit *le Débonnaire*.

Le fils de Charlemagne avait trente-six ans lorsqu'il succéda à son illustre père, dont le grand nom fut pour lui un fardeau.

Louis voulut s'aider de ses fils pour gouverner un empire devenu colossal; il partagea ses Etats entre Lothaire, Louis et Pépin. Un quatrième fils lui survint : c'était Charles le Chauve. Il voulut aussi lui donner un royaume; les aînés s'y opposèrent, et une guerre impie éclata entre le monarque et ses enfans coupables. Louis est détrôné; mais l'ambition désunit les trois frères. Pépin meurt : Louis Ier remonte sur le trône, pardonne à ses deux autres fils, et reçoit par cet acte de bonté le surnom de *Débonnaire*.

Ce prince avait de la bravoure; il fit la guerre avec succès contre les Bretons. Il avait aussi des qualités dans le cœur; mais la faiblesse de son esprit l'empêcha de se faire respecter. Il mourut âgé de soixante-trois ans; il en régna vingt-six.

841. — CHARLES II, dit *le Chauve*.

Les fils de Louis le Débonnaire recommencèrent aussitôt la guerre entre eux, pour se partager leur héritage.

Après une bataille sanglante, donnée à Fontenoi, en Bourgogne, et dans laquelle périrent cent mille Français, ils conclurent, en 843, un traité par lequel la Germanie fut abandonnée à Louis, dit depuis *le Germanique;* Lothaire obtint l'Italie, la Provence et le Lyonnais, avec le titre d'empereur. Le trône de France échut à Charles le Chauve : il y monta à l'âge de dix-sept ans.

Plus tard il réunit sous sa domination les Etats de Lothaire, dont le fils, Louis II, mourut sans enfant, après avoir succédé à son père.

Charles prit alors le titre d'empereur. L'ambition le porta ensuite à vouloir frustrer de leur héritage les fils de son frère Louis le Germanique, mort en 877.

Les neveux s'arment contre leur oncle, le battent et le forcent à se retirer en Italie, où il meurt empoisonné par le juif Sédécias, son médecin. Il était dans la cinquante-quatrième année de son âge, et la trente-huitième de son règne.

Ce prince ne se fit point aimer : le surnom de *Chauve* lui fut donné parce qu'il l'était en effet. Il eut souvent à s'occuper de repousser les Normands, peuple belliqueux sorti du Nord, et qui ravageait ses Etats.

878. — Louis II, dit *le Bègue*.

Louis II, fils de Charles le Chauve, fut un prince faible; il acheva de démembrer les Etats de Charlemagne en formant des duchés et des comtés en faveur de plusieurs seigneurs mécontens. Il ne régna que dix-huit mois; le surnom de *Bègue* lui vient du défaut de sa langue.

879. — Louis III et Carloman.

Ces deux princes, fils de Louis le Bègue, se partagèrent le royaume de France, et vécurent dans la plus parfaite union. Tous deux étaient dignes du trône; mais la mort ne permit pas que le peuple jouît long-temps de leur mérite.

Louis se couvrit de gloire dans la guerre contre les Normands, et mourut en 882.

Carloman ne lui survécut que deux ans. Il mourut d'une blessure que lui fit à la chasse un sanglier.

884. — Charles III, dit *le Gros*.

Louis et Carloman étant morts sans enfant, e trône appartenait à Charles, troisième fils de Louis le Bègue. Son jeune âge lui fit préférer Charles le Gros, son proche parent. Ce prince fit des traités honteux avec les ennemis de la France, et devint l'objet du mépris public.

Honteux d'un pareil chef, les seigneurs français le détrônèrent.

Charles le Gros régna environ trois ans, et mourut peu après sa disgrâce.

888. — Eudes, *comte de Paris*.

Eudes, comte de Paris, prince rempli de valeur, fut choisi par les Français pour être leur chef; bientôt après il fut proclamé roi. Eudes remporta de grandes victoires sur les Normands; il régna dix ans, et remit avant de mourir la couronne à Charles, fils de Louis le Bègue.

898. — Charles IV, dit *le Simple*.

Ce prince, dénué de génie, mérita bien le

surnom de *Simple*, qui lui fut donné : toutefois il avait du courage, mais point de prudence. Sous son règne la France n'éprouva que des revers ; les Normands parvinrent enfin à s'établir dans une de nos provinces, qui de leur nom prit celui de *Normandie :* c'était auparavant la *Neustrie.*

Charles le Simple ne cessa d'être en butte aux révoltes et aux séditions. Vaincu dans un combat contre ses propres sujets, en 922, il se réfugia chez le comte de Vermandois, qui le trahit, et l'enferma dans la tour de Péronne.

On offrit la couronne à Hugues, neveu du roi Eudes; mais il la refusa. Le duc de Bourgogne Raoul, son beau-frère, l'accepta, et régna une douzaine d'années. Ce prince avait du courage; toutefois il ne fit pas triompher la France.

A la mort de Raoul, on tenta inutilement de rétablir Charles le Simple sur le trône : on ne put y parvenir. Ce prince mourut dans sa prison, en 929; il était âgé de cinquante ans.

La couronne fut de nouveau offerte à Hugues, comte de Paris, duc de France et de Bourgogne, et depuis surnommé *le Grand.* Il persista dans son refus, et plaça sur le trône l'héritier légitime, Louis IV, fils de Charles le Simple,

et dit d'*Outremer*, parce que sa mère l'avait emmené en Angleterre pendant les troubles.

936. — Louis IV, dit *d'Outremer*.

Le jeune roi déclare d'abord qu'il veut régner par lui-même, et fait rentrer ses sujets rebelles dans le devoir. Il obtient ensuite de grands succès contre les Normands; mais dans cette guerre il a besoin des secours de Hugues, et lui fait des promesses qu'il ne tient pas. Le monarque et le sujet en viennent aux mains ; le pape se rend médiateur, et la paix se rétablit entre eux.

Louis n'en jouit pas; il mourut peu de temps après d'une chute de cheval.

Ce prince montra de grandes qualités; il régna dix-neuf ans.

955. — Lothaire.

Louis IV laissa plusieurs fils; l'aîné lui succéda, et depuis cette époque le royaume ne s'est plus partagé entre les frères.

Lothaire était âgé de quinze ans quand il monta sur le trône. Hugues l'éclaira, le protégea, et régna sous son nom pendant quelque temps.

Hugues le Grand mourut en 959, laissant ses titres et son autorité à *Hugues Capet*, son fils.

Lothaire eut plusieurs guerres à soutenir ; il en sortit presque toujours vainqueur, et ne sut pas souvent profiter de ses avantages. Du reste, son règne n'offrit pas de grands événemens; il mourut à l'âge de quarante-cinq ans.

987. — Louis V, dit *le Fainéant*.

Louis V, fils de Lothaire, monta sur le trône à vingt ans, et ne régna que treize mois, pendant lesquels il ne fit rien, ce qui l'a fait surnommer *Fainéant*. Il mourut empoisonné.

Charles, son oncle, duc de Lorraine, était l'héritier légitime du trône; mais ce prince s'étant fait détester des Français, on donna la couronne à Hugues Capet, comte de Paris, qui la transmit à ses descendans.

Ainsi finit la seconde race, dite des *Carlovingiens*, du nom de *Charlemagne*. Elle comprend un espace de 236 ans.

ROIS DE LA TROISIÈME RACE.

987. — Hugues Capet.

Hugues Capet, puissant seigneur de France, avait environ quarante-cinq ans lorsqu'il fut appelé au trône. Il s'entoura d'abord des grands, qu'il flatta, et dont il se fit en même temps respecter; il gagna par sa piété l'estime des prêtres du Seigneur, et se fit aimer de tout le monde par sa bonté et par ses manières affables; il régna enfin glorieusement. Ce prince mourut regretté, après un règne de dix ans. Il laissa le trône à Robert son fils.

997. — Robert.

Robert fut un bon roi : maître de ses passions, et rempli de sagesse, il se distingua encore par une rare piété. Sa bienfaisance n'avait point de bornes; il nourrissait par jour plus de mille pauvres dans son palais, et le Jeudi-Saint il leur lavait les pieds. Robert aimait l'étude, et possédait une instruction profonde.

Il eut une guerre longue et sanglante, y déploya beaucoup de courage, et en sortit victorieux.

Robert mourut en 1031, à l'âge de soixante ans. Il fut regretté et pleuré : voici les paroles que faisait entendre le peuple, en accompagnant son cortége funèbre.

« Tandis que Robert a été roi, tandis qu'il
» nous a gouvernés, nous avons vécu en sûreté,
» nous n'avons craint personne. Daigne le Sei-
» gneur accorder le salut éternel à ce prince si
» bon, à ce père de tous les gens de bien ! Qu'il
» daigne le faire monter promptement au ciel,
» et le faire asseoir éternellement avec Jésus-
» Christ, le roi des rois. »

1032. — HENRI Ier.

Henri, fils de Robert, obtint et mérita la réputation de roi juste, et de grand capitaine. Il aimait la vertu, et savait apprécier le mérite. Henri Ier mourut après un règne de vingt-neuf ans ; il était monté sur le trône à vingt-sept.

1061. — PHILIPPE Ier.

Philippe n'avait que huit ans à la mort de son père. Baudoin V, comte de Flandre, fut déclaré régent ; il s'acquitta de cet emploi avec

honneur, et mourut laissant Philippe âgé de quinze ans.

Le jeune prince se vit bientôt en guerre avec ses voisins. Il combattit sans succès Guillaume le Conquérant, duc de Normandie, et roi d'Angleterre. Son armée fut taillée en pièces, et il perdit plusieurs villes. Philippe se consola de ses revers dans les plaisirs, et il n'acquit aucune gloire. Il mourut à cinquante-sept ans.

C'est sous le règne de Philippe Ier qu'eut lieu la première croisade des chrétiens contre les infidèles ; elle était commandée par Godefroy de Bouillon. Le roi de France ne voulut y prendre aucune part.

1109. — Louis VI, dit *le Gros*.

C'est à l'énormité de sa taille que Louis VI, fils de Philippe Ier, dut le surnom de *Gros*.

La puissance des rois de France se trouvait depuis long-temps balancée par les prérogatives accordées aux grands seigneurs, vassaux de la couronne, qui souvent levaient l'étendard de la révolte contre leur maître. Louis entreprit de rendre au trône son autorité, et il y parvint : deux années lui suffirent pour faire rentrer tout dans l'ordre.

C'est à cette époque, vers 1111, que prit naissance la haine implacable qui si long-temps divisa la France et l'Angleterre. Henri Ier, roi de cette dernière contrée, s'empara, sans aucune formalité, de la forteresse de Gisors : Louis VI en fut piqué, et lui envoya un cartel ; Henri répondit qu'il ne se battrait point pour un fort dont il était en possession. Aussitôt commença une longue guerre, souvent interrompue par des traités, et plus souvent rallumée encore par le ressentiment et la jalousie.

Louis eut tour à tour des succès et des revers ; il ne cessa jamais d'être brave.

Il mourut âgé de cinquante-six ans, après en avoir régné vingt-neuf.

Louis le Gros eut les qualités d'un héros et les vertus d'un bon roi. Les dernières paroles qu'il adressa à son successeur sont remarquables :

« Souvenez-vous, mon fils, lui dit-il, que la » royauté n'est qu'une charge publique, dont » vous rendrez compte à celui qui seul dispose » des sceptres et des couronnes. Observez la re- » ligion de vos pères, protégez l'Église, les » pauvres et les orphelins. »

1137 — Louis VII, dit *le Jeune*.

Les commencemens du règne de Louis VII furent paisibles. Cette tranquillité fut troublée par les intrigues de Thibaut, comte de Champagne, qui se joignit à des moines séditieux pour jeter la discorde dans le royaume.

La guerre s'allume ; le roi fond sur la Champagne, et saccage Vitri, dont il livre l'église aux flammes : plus de treize cents personnes périrent dans cet incendie.

Louis, en qui cet acte de violence produisit des remords, fit vœu pour l'expier d'aller en Terre-Sainte combattre les infidèles. Il prend la croix; son exemple porte l'enthousiasme dans le cœur des Français; toute sa noblesse l'imite, et la seconde croisade est prêchée par saint Bernard, en 1145.

Louis nomme régent du royaume Suger, abbé de Saint-Denis, le plus grand homme d'état, et l'homme le plus vertueux de son siècle. Il part ensuite, suivi de son épouse, des grands du royaume, et de presque tout son peuple.

Le monarque ne fut pas heureux dans son entreprise : vaincu par les Sarrasins, il se vit contraint de revenir en France, où il mourut à l'âge de soixante six ans.

Louis VII avait de la bonté, du courage, de la piété, mais peu de politique.

1181. — Philippe II, surnommé *Auguste*.

Louis VII laissa un fils âgé de quinze ans ; c'était Philippe II, qui déjà montrait un grand courage et beaucoup de vertus : il était à peine sur le trône, qu'il fut obligé de défendre son royaume contre les agressions du roi d'Angleterre ; il marcha contre lui, et le força à se retirer.

De retour dans ses Etats, il réprima l'insolence des vassaux de la couronne, renvoya les comédiens, punit les blasphémateurs, et chassa les juifs, qui exerçaient l'usure. Il fortifia Paris, l'entoura de murailles, fit paver les rues et les places publiques.

Entraîné dans une nouvelle guerre en 1184, il en sortit victorieux, et augmenta son royaume de plusieurs villes.

Philippe-Auguste voulut prendre part à une nouvelle croisade, prêchée en 1189. Il s'unit à Richard, roi d'Angleterre ; les forces réunies des deux monarques portèrent le nombre des chrétiens, en Asie, à plus de trois cent mille.

Les infidèles furent d'abord repoussés ; mais les deux rois, rivaux de gloire et d'intérêt, se désunirent ensuite, et perdirent la plupart de leurs avantages. Philippe abandonna Richard, et revint dans son royaume, qu'il songea à agrandir, en reprenant à l'Angleterre et aux comtes de Flandre les provinces qui depuis trois siècles étaient en leur possession. Il acquit par la force des armes l'Artois, le Vexin, la Guienne, le Poitou, le Maine, la Touraine, l'Anjou et la Normandie.

Ce monarque ayant mis sur pied la plus belle armée que jamais on eût vue en France, et fait construire dix-sept cents vaisseaux, toutes les puissances de l'Europe se liguèrent contre lui pour l'abattre ; le roi de France sortit vainqueur de la lutte. La bataille la plus célèbre de cette époque est celle de Bouvines, en 1214 ; elle dura une journée entière. L'armée ennemie était forte de cent cinquante mille combattans ; celle de Philippe plus faible de moitié : les Français furent vainqueurs.

Philippe-Auguste fut à la fois un grand conquérant et un grand roi ; il fut sage, bienfaisant et juste. Il mourut à l'âge de cinquante-huit ans.

1224. — Louis VIII, dit *le Lion*.

Louis VIII, fils de Philippe-Auguste, dut à son bouillant courage le surnom de *Lion*. Dès son avènement au trône, le roi d'Angleterre lui demanda la restitution de la Normandie : le roi de France, pour toute réponse, résolut d'enlever aux Anglais tout ce qu'ils possédaient encore en France. Il part, et se rend maître en peu de temps du Limousin, du Périgord, de l'Aunis et de plusieurs autres provinces. La Gascogne et Bordeaux restaient encore à soumettre, lorsque ce jeune héros fut atteint d'une épidémie qui s'était manifestée parmi ses troupes : il expira à l'âge de trente-neuf ans. Louis VIII vécut peu, mais il acquit beaucoup de gloire.

1227. — Louis IX ou Saint Louis.

Louis VIII laissait un fils âgé de onze ans. La minorité de Louis IX fut confiée à la reine Blanche de Castille, sa mère, déclarée régente, et bien digne d'un tel emploi.

Louis IX, majeur à vingt-un ans, prit le sceptre, et se montra en tout capable de le porter. Il appela dans son conseil les personnages les plus habiles, abaissa la fierté des vassaux de la couronne, et établit le bon ordre dans le royaume.

Le roi d'Angleterre lui déclare la guerre. Louis se met en marche, remporte deux victoires éclatantes, met l'ennemi en fuite, et le contraint à demander la paix. Louis IX avait alors vingt-sept ans.

Atteint, en 1244, d'une maladie violente, il fait vœu, si la santé lui est rendue, d'aller délivrer les lieux saints des ennemis de la foi. Il guérit, prend la croix, et s'occupe pendant quatre ans des préparatifs de sa pieuse expédition.

Louis IX laissa à sa mère le gouvernement du royaume, et s'embarqua avec sa femme, et presque tous les chevaliers français : en arrivant il s'empara de la ville de Damiette.

La victoire lui est d'abord fidèle : il passe en Egypte, traverse le Nil à la vue des infidèles, remporte sur eux plusieurs victoires, et fait des prodiges de valeur à la journée de Massoure : mais la famine et les maladies viennent affaiblir son armée ; les Sarrasins y portent le ravage et la mort : les troupes du monarque sont dispersées, et lui-même est fait prisonnier; il n'obtient sa liberté qu'en accordant au sultan une somme de quatre cent mille livres pour sa rançon, et une trêve de dix ans,

Louis IX revint en France en 1254; il trouva son royaume paisible et florissant, grâce aux soins de son illustre mère. Il continua ce que la reine avait si bien commencé et maintenu : l'administration de la justice fixa surtout son attention.

Son peuple était heureux, lorsque, treize ans après sa malheureuse expédition, il partit pour une nouvelle croisade.

Louis IX était devant Tunis, qu'il assiégeait, quand il se sentit attaqué de la maladie contagieuse qui désolait son armée; il se fit étendre sur la cendre, montra le plus grand calme, et se vit mourir avec un courage vraiment chrétien, le 25 août 1270, à l'âge de cinquante-cinq ans. Sa haute piété lui mérita d'être placé au rang des saints.

1270. — PHILIPPE III, dit *le Hardi*.

Le fils de saint Louis, Philippe III, fut proclamé roi en Afrique. Il conclut aussitôt une trêve de dix ans avec les infidèles, et vint se faire sacrer à Reims.

Son avènement au trône fut signalé par une guerre contre l'Espagne : il s'y distingua par sa bravoure.

C'est sous le règne de ce prince qu'eut lieu, en 1284, le massacre horrible connu sous le nom de *vêpres siciliennes.* Des Français établis en Sicile s'étaient livrés à quelques licences ; les Siciliens résolurent de les en punir en les assassinant, et le jour même de Pâques, pendant les vêpres, ils exécutèrent leur affreux projet : l'âge, le sexe, les vertus, rien ne fut épargné ; tout ce qui était Français périt victime de la plus lâche, comme de la plus barbare des vengeances.

La nouvelle de cette atrocité étant parvenue en France, Philippe III jura à son tour d'en tirer vengeance. Il marche contre le roi d'Arragon, qui avait ordonné le massacre, l'attaque et le bat ; mais au retour de cette expédition, le roi de France est surpris par une fièvre maligne, et meurt à Perpignan, à l'âge de quarante-un ans. Philippe III fut un bon prince ; il aima la justice et la religion, et sut conserver le bon ordre dans l'intérieur de son royaume.

1286. — Philippe IV, dit *le Bel*.

Philippe IV, fils de Philippe III, fit avec succès la guerre aux Anglais et aux Flamands.

Il perdit, en 1302, la bataille de Courtrai, dans laquelle périt l'élite de la noblesse française; mais il fut dédommagé de ce revers par la célèbre bataille de Mons, gagnée par les Français, le 18 août 1304 : trente mille Flamands y furent tués. C'est en mémoire de cette journée que la statue de Philippe le Bel fut élevée à Notre-Dame de Paris.

C'est sous le règne de ce monarque que l'ordre des Templiers fut dissous.

Philippe, dit *le Bel*, à cause de sa beauté, eut des qualités; on lui reproche seulement un peu trop d'avarice. Il mourut âgé de quarante-huit ans.

1314. — Louis X, dit *Hutin*.

Le fils de Philippe le Bel reçut de son humeur querelleuse le surnom de *Hutin*, c'est-à-dire, *mutin*. Louis X ne garda le trône qu'environ vingt mois, et pendant ce court espace de temps la France éprouva des revers et fut accablée d'impôts. Il mourut à vingt-six ans.

1316. — Jean Ier.

A la mort de Louis X, son frère Philippe monta sur le trône; peu de mois après il naquit un fils au roi défunt. On le proclama roi sous le nom de Jean Ier, et Philippe devint son tuteur. Mais l'enfant royal n'ayant vécu que peu de jours, son oncle reprit le sceptre.

1317. — Philippe V, dit *le Long*.

Ce prince, dit *le Long* à cause de sa longue taille, fit la guerre avec gloire, rendit de sages ordonnances, et mourut trop tôt, regretté de ses peuples; il n'était âgé que de vingt-huit ans.

1322. — Charles IV, dit *le Bel*.

Philippe V eut pour successeur Charles IV, son frère. La guerre éclata presque aussitôt entre la France et l'Angleterre; Charles dut bientôt la paix au succès de ses armes. Ce monarque montra beaucoup d'amour pour la justice, et chassa de ses États les usuriers venus d'Italie. Il mourut à l'âge de trente-quatre ans.

BRANCHE COLLATÉRALE DES VALOIS.

1329. — Philippe VI, dit *de Valois*.

Philippe VI, cousin germain de Philippe V, monta sur le trône. Le nouveau roi fit aussitôt des prodiges de valeur dans une bataille contre les Flamands.

Ayant rendu la paix à ses États, il s'occupa sagement d'en régler l'administration.

En 1336, la guerre recommença avec l'Angleterre : la France ne fut pas heureuse.

Les événemens les plus mémorables de cette époque sont la bataille navale de l'Écluse, dans laquelle nous perdîmes cent vingt gros vaisseaux, et quarante mille hommes; celle de Crécy, où l'armée française, forte de cent mille hommes, fut mise en déroute; et la prise de Calais, qui donna lieu au beau dévouement d'Eustache de Saint-Pierre. Edouard, roi d'Angleterre, ne voulant accorder de capitulation qu'à la condition qu'on lui livrerait six des principaux de la ville, Eustache de Saint-Pierre s'offrit le premier, et par son exemple entraîna les cinq autres. Ils allèrent nu-pieds, et la corde au cou, porter les clefs de la ville au vainqueur, qui ne leur laissa la vie qu'en cédant aux prières de la reine son épouse.

Une trêve fut enfin conclue, et Philippe de Valois mourut peu de temps après, en 1350; il était âgé de cinquante-sept ans. Ce monarque fut juste, brave, mais malheureux.

1350.—JEAN II, dit *le Bon*.

Jean II, fils de Philippe de Valois, ne fut pas plus fortuné que son père.

Édouard, prince de Galles, fils du roi d'Angleterre, et connu sous le nom de *prince Noir*, s'avança contre le monarque français, le battit et le fit prisonnier. Jean II, blessé au visage, fut conduit à Londres.

La captivité du roi donna dans Paris le signal de la guerre civile. Le dauphin eut à lutter à la fois contre les rebelles et contre les ennemis; mais ce jeune prince déploya dans cette occasion beaucoup de sagesse et de fermeté.

Le roi Jean recouvra la liberté en 1360, en donnant pour sa rançon trois millions d'écus d'or, le Poitou, la Saintonge, l'Agenois, le Périgord, le Limousin, le Quercy, l'Angoumois et le Rouergue.

La France se trouvant épuisée et affaiblie,

Jean II ne put d'abord compter que six cent mille écus d'or, Sa bonne foi lui fit un devoir de se donner en otage pour le reste. Il retourna à Londres, où il mourut, en 1363, à l'âge de cinquante-quatre ans. Ce monarque eut les qualités d'un preux chevalier, mais peu de génie. On a retenu de lui ces belles paroles : « Si
» la justice et la bonne foi, disait-il, se trou-
» vaient bannies du reste de la terre, elles de-
» vraient se retrouver dans la bouche et dans
» le cœur des rois. »

1363.—Charles V, dit *le Sage*.

Charles V, fils de Jean le Bon, est le premier enfant de nos rois qui prit le titre de dauphin, en vertu de la donation que fit de ses États à la couronne de France le dernier prince du Dauphiné.

Charles V, qui mérita si bien le nom de *Sage*, arracha la France aux maux qui la désolaient; il sut remédier à tout en s'entourant d'habiles négociateurs et de bon généraux. Le fameux Bertrand du Guesclin, le plus grand capitaine de son temps, reprit aux Anglais toutes les provinces qui leur avaient été cédées. Charles V, de son côté, mit tant d'ordre et

d'économie dans son administration, que la France, qu'il avait trouvée épuisée, était riche et florissante quand la mort l'enleva à ses peuples; il était alors âgé de quarante-trois ans.

1381.—Charles VI, dit *le Bien-Aimé*.

Le fils de Charles le Sage n'avait que douze ans quand il hérita du trône ; les ducs d'Anjou, de Berri et de Bourgogne profitèrent de sa jeunesse pour devenir les tyrans du royaume. La France se vit de nouveau déchirée au-dedans par les factions, au-dehors par les ennemis.

Charles VI avait une bravoure peu commune; il était à peine âgé de quatorze ans lorsqu'il remporta une victoire éclatante sur les Flamands.

Il se préparait à marcher contre les Anglais, lorsqu'il fut atteint de folie, en 1392. La France se trouva bientôt envahie par ses ennemis; Henri V, roi d'Angleterre, régna même à Paris, en qualité de régent et d'héritier du trône. Charles VI, dont la folie était dégénérée en imbécillité, mourut en 1422.

1422. — Charles VII, dit *le Victorieux*.

Lorsque Charles VII monta sur le trône de son père, la France n'offrait que le carnage et la dévastation. Le nouveau roi rassemble une armée, attaque les Anglais, et remporte sur eux plusieurs victoires importantes.

Le siége d'Orléans, qui suivit ces premiers succès, est mémorable par le dévouement d'une fille de vingt ans, remplie de courage et de vertus. Cette jeune héroïne, nommée Jeanne-d'Arc, prit des armes, marcha à la tête d'une armée, et, par son intrépide bravoure, délivra Orléans. Les Anglais la firent prisonnière au siége de Compiègne, et se déshonorèrent en la faisant brûler.

Charles VII, qui comptait dans son armée d'illustres généraux, tels que Dunois, La Hire, et La Trimouille, parvint en peu d'années à reconquérir son royaume. Il eut un fils qui se révolta contre lui; le chagrin qu'il en éprouva le conduisit au tombeau, à l'âge de cinquante-huit ans.

1462. — Louis XI.

Le fils coupable, qui avait osé lever l'étendard de la révolte contre son père, ne pouvait devenir un bon roi; aussi Louis XI fut-il un prince méchant et cruel. Il ne mourut qu'à soixante ans.

1483.—Charles VIII, dit *l'Affable* et *le Courtois*.

Louis XI laissa le trône à Charles VIII, son fils, âgé seulement de treize mois. Anne de France, sa sœur, fut régente.

L'esprit de conquête vint animer le jeune monarque; il soumit toute l'Italie, et entra dans Rome en vainqueur. Une ligue se forma contre lui, et l'obligea d'abandonner le fruit de ses victoires.

De retour dans son royaume, il régna sagement, rétablit l'ordre et diminua les impôts.

Charles VIII avait dans le caractère une grande douceur et beaucoup de bonté. Il mourut à vingt-sept ans; on le regretta.

BRANCHE COLLATÉRALE D'ORLÉANS.

1499.—Louis XII, dit *le Père du Peuple*.

Charles VIII ne laissant point d'enfans, Louis, duc d'Orléans, premier prince du

monta sur le trône. Il signala son avènement en pardonnant à ses ennemis. « Ce n'est
» point au roi de France, dit-il, à venger les
» querelles du duc d'Orléans. »

Louis XII régla et policça son royaume, diminua les impôts, réprima les excès des gens de guerre, et fit disparaître de nombreux abus qui s'étaient glissés dans l'administration de la justice.

Ce monarque, d'abord victorieux, finit par éprouver des revers dans la carrière des armes, mais il les répara par la sagesse de ses négociations. C'est sous le règne de Louis XII que se donna la célèbre bataille de Ravennes, gagnée par le jeune Gaston de Foix, l'espoir de la France : le vainqueur y perdit la vie. La journée de Guinegate, dite des *Eperons*, est douloureusement mémorable par la déroute des troupes françaises.

Louis XII fut un roi parfait ; il mourut regretté et pleuré, à l'âge de cinquante-trois ans. Le jour qu'il expira, les crieurs disaient le long des rues, en sonnant leur clochette : « Le
» bon roi Louis, père du peuple, est mort. »

BRANCHE COLLATÉRALE D'ANGOULÊME.

1515.—F<small>RANÇOIS</small> Ier, dit *le Grand* et *le Père des Lettres.*

François, comte d'Angoulême, succéda à Louis XII, dont il était gendre. De l'esprit, des talens, du courage, de la grandeur d'âme, telles étaient les qualités qui distinguaient le nouveau roi.

L'ambition d'augmenter ses Etats l'entraîna hors de son royaume; de brillans succès couronnèrent ses premières entreprises.

Un rival digne de lui régnait en Europe, c'était l'empereur Charles-Quint. Les deux monarques se déclarent la guerre: François Ier semble d'abord avoir fixé la victoire; mais ensuite elle l'abandonne. Prisonnier à Pavie, le roi de France écrit à sa mère: « Madame, tout » est perdu, hors l'honneur. » Il recouvre sa liberté par un traité signé à Madrid, le 14 janvier 1526.

De nouvelles guerres s'élèvent bientôt entre les deux rivaux de gloire, qui se partagent les succès et les revers jusqu'en 1547, que François Ier descend au tombeau, à l'âge de cinquante-deux ans.

Ce monarque a acquis une gloire immortelle en protégeant les sciences et les lettres, qu'il aimait. Il fonda le Collége royal, forma une bibliothèque volumineuse, et récompensa les savans.

1547.—Henri II.

Henri II, fils de François Ier, monta sur le trône à vingt-un ans; il soutint contre l'Angleterre une guerre qu'il termina en 1550 par une paix avantageuse. Il ne fut pas aussi heureux contre Philippe II, successeur de Charles-Quint; la paix qu'il fit en 1559 fut nommée la *paix malheureuse*.

Henri II mourut d'une blessure qu'il reçut dans un tournois, à l'âge de quarante-un ans. Ce monarque possédait les qualités nécessaires à un roi; mais se défiant de lui-même, il se laissa trop gouverner par ses ministres.

1559.—François II.

François II, fils de Henri II, ne porta la couronne que dix-sept mois. Ce règne, bien court, est néanmoins remarquable par la naissance des troubles et des guerres civiles qui désolèrent la France, jusqu'à l'avènement de Henri IV au trône.

Catherine de Médicis, mère de François II,

Charles VIII. Louis XII.

François Ier. Charles IX.

Henri III. Henri IV. dit le Grand.

laissa prendre une grande autorité au duc de Guise et au cardinal de Lorraine. Antoine de Bourbon, roi de Navarre, et Louis son frère, prince de Condé, ne purent supporter que deux étrangers tinssent le roi en tutelle, et la nation en esclavage. Ils s'unirent aux calvinistes pour former un puissant parti contre les Guise, protecteurs des catholiques. C'est ainsi que la religion, qui ne commande que le bien, servit de prétexte à une guerre impie, dont les véritables causes furent l'ambition et la rivalité.

François II, malade et infirme dès sa naissance, mourut à dix-sept ans.

1560.—Charles IX.

François II laissa à son frère Charles IX, âgé de dix ans, un royaume en proie aux guerres civiles. La régence fut confiée à Catherine de Médicis; on déclara le roi de Navarre lieutenant-général du royaume.

La régente, se trouvant ainsi placée entre les deux partis, celui des Guise et celui des Bourbon, employa l'artifice pour les détruire l'un par l'autre. On ne tarda pas à en venir aux mains, et l'on vit dans la France deux armées de Français se combattre avec acharnement.

La guerre fut interrompue par une paix trompeuse, pendant laquelle Charles IX donna sa sœur en mariage au jeune roi de Navarre, depuis Henri IV; et peu après cette alliance, le massacre des protestans eut lieu dans Paris, le 23 août 1572, jour de Saint-Barthélemi. Cette circonstance est trop douloureuse pour nous arrêter à ses détails.

Charles IX mourut à vingt-quatre ans.

1575. — Henri III.

Henri, duc d'Anjou, frère de Charles IX, se trouvait alors en Pologne, où il avait été appelé pour occuper le trône. Il revint aussitôt en France, et prit possession de la couronne, dont il était héritier, son frère n'ayant point laissé d'enfant.

Henri III avait acquis la réputation de grand général; il n'obtint pas celle de bon roi. Il remporta d'abord quelques succès sur les calvinistes, puis il s'abandonna aux plaisirs, et se trouva en butte à toutes les factions qui déchiraient son royaume.

Son frère, le duc d'Alençon, étant mort, la

couronne devenait l'héritage de son beau-frère, le roi de Navarre, chef des protestans. Le duc de Guise, pour empêcher ce prince de la recueillir, forma, sous le nom de *sainte ligue*, une association redoutable qui prolongea les malheurs de la France. Le faible Henri III consentit à se laisser déclarer le chef de cette ligue, et fut ainsi obligé de tourner ses armes contre son successeur et beau-frère.

Le duc de Guise s'empara de l'esprit du monarque, et lui ravit toute son autorité ; Henri III voulut secouer le joug. Guise rassembla une troupe de séditieux, et chassa le roi de sa capitale.

Henri III se rendit à Blois, pour y convoquer les états du royaume. Guise osa s'y présenter : le roi le fit assassiner. Le sang de ce rebelle, au lieu d'éteindre la ligue, la fortifia.

Le duc de Mayenne, frère du duc de Guise, et aussi entreprenant que lui, se mit à la tête des ligueurs, qui prononcèrent la déchéance du roi. Henri III ne trouva de salut que dans la générosité du roi de Navarre, qui vint lui offrir son armée pour l'aider à remonter sur le trône.

Les deux rois marchent sur Paris. Cette ville était sans défense, et les ligueurs allaient être punis, lorsque, le 1er août 1589, Henri III fut assassiné, à l'âge de trente-neuf ans, par un nommé Jacques Clément, envoyé par les ligueurs. Le coupable fut percé de coups avant de sortir de la tente du roi, dont le camp se trouvait établi à Saint-Cloud.

BRANCHE DE BOURBON.

1589. — HENRI IV, dit *le Grand*.

La mort de Henri III mit la couronne sur la tête de Henri, roi de Navarre, premier roi de la branche de Bourbon.

Les ligueurs ne voulurent point reconnaître Henri IV pour roi. Ce prince possédait peu de places importantes, peu d'argent et peu de troupes : son activité, son courage et son génie lui tinrent lieu de tout.

Vainqueur aux batailles d'Arques et d'Ivri, il marche sur Paris, dont il prend les faubourgs d'assaut. Il pouvait entrer dans la ville; mais sa bonté lui fit une loi de ménager le sang de ses sujets.

La famine exerçait des ravages affreux dans Paris; on avait été obligé de faire du pain avec des os de morts, et de manger de la chair humaine; des mères dévoraient leurs propres enfans. Henri pleurait sur les malheurs de son peuple égaré par les factieux, et ordonnait à ses troupes de passer des vivres aux assiégés, dont il voulait plutôt être le père que le vainqueur.

Le duc de Mayenne, rendu enfin à des sentimens de conciliation, assembla des catholiques des deux partis, et le résultat des conférences fut d'obtenir du roi son abjuration, qui eut lieu à Saint-Denis, en 1593. Henri fit son entrée solennelle à Paris l'année suivante.

Ce bon roi, après avoir dompé les rebelles par ses bienfaits plutôt que par ses triomphes, tourna ses armes contre l'Espagne, qui de tous ses efforts avait excité les fureurs de la ligue. Il fut vainqueur, et fit la paix.

Henri IV déploya alors dans l'intérieur de son royaume toutes les ressources de son génie. Il fit fleurir le commerce et l'agriculture, et diminua les impôts; il agrandit et embellit Paris; il mit les arts en honneur, et s'occupa sans cesse du bonheur de ses sujets. « Ayez soin de « mon peuple, disait-il à ses intendans de « province; ce sont mes enfans. Dieu m'en a « confié la garde; j'en suis responsable. »

Tandis que Henri IV se faisait ainsi adorer et chérir de son peuple, des fanatiques ne cessaient d'attenter à ses jours. Il ne se passa presque pas d'années sans qu'un de ces monstres ne portât ses mains parricides sur le meilleur des rois. Enfin, pour le malheur de la France, l'exécrable Ravaillac parvint à exécuter son criminel projet. Henri IV allait à l'Arsenal, voir Sully, son digne ministre et ami ; un embarras de charrettes ayant arrêté sa voiture dans la rue de la Ferronnerie, Ravaillac profita de ce moment pour le poignarder, le 14 mai 1610. Henri IV était dans la cinquante-septième année de son âge, et la vingt-deuxième de son règne.

La renommée de Henri IV est devenue populaire, le souvenir de ses bienfaits est passé dans tous les cœurs; enfin ce grand monarque a mérité que la postérité le désignât comme le meilleur des rois.

1610. — Louis XIII, dit *le Juste*.

Le fils et le successeur de Henri le Grand n'avait que neuf ans quand son père mourut. Marie de Médicis, sa mère, fut nommée régente. Elle eut pour ministre le maréchal d'Ancre, qui s'attira la haine publique. Le roi, devenu majeur, ordonna la mort de ce ministre, et le remplaça par l'évêque de Luçon, grand homme d'état, si fameux sous le nom de cardinal de Richelieu, et qui régna sous le nom de son maître.

Sous Louis XIII, la France se trouva engagée dans plusieurs guerres, qui la plupart se terminèrent à son avantage.

Louis XIII avait un esprit droit, sage, éclairé; il eut l'amour de la justice et de la religion. Ce monarque mourut à l'âge de quarante-deux ans.

1643.—Louis XIV, dit *le Grand*.

Louis XIV, âgé seulement de cinq ans, monte sur le trône, sous la tutelle d'Anne d'Autriche sa mère. Le cardinal Mazarin, prélat d'un rare mérite, est déclaré ministre.

Les commencemens de la régence présagent les merveilles du règne de Louis XIV. Le grand Turenne reçoit le bâton de maréchal de France pour prix de ses services et de ses talens militaires. Le duc d'Enghien, depuis le *grand Condé*, n'ayant encore que vingt ans, s'illustre déjà en remportant les victoires de Rocroy, de Fribourg, de Norlingen et de Lens, sur les Espagnols et leurs alliés.

Cependant la minorité de Louis XIV fut

troublée par des divisions intestines. Un parti puissant s'éleva contre Mazarin. On vit avec douleur le grand Condé à la tête des rebelles. On en vint aux mains.

Turenne livre à Condé une dernière bataille dans le faubourg Saint-Antoine, à Paris, et la paix est rétablie. Toutefois le roi est obligé d'éloigner Mazarin.

Le ministre meurt, et Louis XIV règne enfin par lui-même. Ce monarque, jeune encore, étonne aussitôt l'Europe par la fermeté avec laquelle il tient son sceptre. Tout change. Le pouvoir des ministres est borné. Des désordres s'étaient glissés dans les finances : le surintendant Colbert, investi de la confiance du roi, répara tout; ce grand ministre établit des manufactures royales, et fit fleurir le commerce et les arts.

Les Espagnols, attentifs à profiter de nos divisions, avaient fait quelques conquêtes : ils sont repoussés, et contraints de demander la paix.

Les Turcs, les Allemands, les Anglais sont tour à tour battus. Tout cède à Louis XIV.

Chéri et admiré de ses sujets, craint et respecté des puissances étrangères, le jeune roi donne la paix à ses peuples, et s'occupe de régler, de fortifier, d'embellir son royaume. Sa sollicitude s'étend sur tout, et sur tout il répand sa magnificence. Les guerriers blessés ou blanchis sous les drapeaux fixent son attention, et il fait élever l'Hôtel des Invalides, qui devient bientôt un chef-d'œuvre des arts.

Louis XIV entreprend, en 1672, la conquête des Pays-Bas et de la Hollande. Turenne et Condé l'accompagnent. Il passe la Meuse, le Rhin; les ennemis fuient à son approche; les villes s'ouvrent devant lui.

Toutes les puissances se liguent contre le héros de la France. Louis XIV les brave toutes, en s'emparant de la plupart de leurs provinces.

L'armée navale de Louis XIV n'obtenait pas moins de gloire que ses armées de terre. Le duc de Vivonne et Duquesne battaient l'amiral hollandais Ruyter.

Louis XIV mit un terme à ses victoires par la paix de 1678. C'est à cette époque que la ville de Paris, au nom de toute la France, lui décerna le surnom de *Grand*; et pour éterniser le souvenir de tant de succès, on fit élever les arcs de triomphe connus aujourd'hui sous les noms de porte Saint-Denis et porte Saint-Martin.

Louis donnait tous ses soins à son royaume, lorsqu'une nouvelle guerre éclata en Europe en 1687. C'est alors qu'on vit briller le maréchal de Luxembourg et le maréchal de Catinat.

Les fléaux d'une longue guerre, plus encore que les revers, avaient épuisé la France; dans le seul motif de soulager ses peuples, Louis le Grand leur rendit la paix en 1697.

Mais on en jouit à peine trois ans. Charles II, roi d'Espagne, mourut sans enfant, et légua sa couronne à Philippe de France, fils du dauphin. Les puissances de l'Europe, alarmées de voir l'Espagne soumise à la France, se liguèrent contre elle, et la guerre recommença avec fureur.

Les revers et les succès furent d'abord partagés; mais ensuite la France essuya de grandes pertes. Louis XIV demanda la paix, et ne put l'obtenir. Le royaume, en proie à toutes les calamités, est enfin sauvé par le maréchal de Villars, victorieux à Denain, à Landrecie, à Douai, au Quesnoi, à Bouchain. Il met les alliés hors d'état de continuer la guerre, et la paix générale est conclue à Utrecht en 1713.

Les dernières années du règne de Louis XIV furent paisibles. Ce monarque, si grand pen-

dant sa vie, le fut encore à l'instant de sa mort. Il expira en vrai héros chrétien, plein de courage et sans regrets, le 1ᵉʳ septembre 1715, à l'âge de soixante-dix-sept ans, après en avoir régné soixante-treize. Avant d'expirer il recommanda à son successeur de soulager ses peuples, et de ne pas l'imiter dans sa passion pour la gloire.

Le règne de Louis XIV est l'époque la plus brillante de l'Histoire de France. La protection que ce monarque accorda aux sciences et aux arts fit éclore dans tous les genres des chefs-d'œuvre qui ont immortalisé son siècle.

1716. — Louis XV, dit *le Bien-Aimé*.

Louis XV, arrière-petit-fils de Louis XIV, et fils de Louis de France, duc de Bourgogne, second dauphin, naquit le 15 février 1710.

Ce prince étant encore trop jeune pour monter sur le trône à la mort de Louis XIV, on confia la régence au duc d'Orléans, qui gouverna seul le royaume jusqu'en 1723. Le roi déclara sa majorité la même année.

Le régent était un prince aimable et d'un esprit supérieur; toutefois il commit une grande faute en plaçant à la tête des finances un homme dont le système bouleversa toutes les fortunes. Ce ministre se nommait Law; il était Ecossais. Le régent étant mort, à l'âge de cinquante ans, le cardinal de Fleury, précepteur du roi, fut mis à la tête des affaires; il répara le désordre, et ne cessa, jusqu'en 1743, qu'il mourut, d'aider le monarque de ses conseils.

Louis XV entreprit, en 1734, la guerre contre l'empereur Charles VI, et la termina avantageusement en 1738.

Deux ans après, la France vit s'élever contre elle l'Angleterre, la Prusse, la Hollande et la Sardaigne. Louis XV tint ferme. Il se couvrit de gloire en Flandre, tandis que le prince de Conti et ses autres généraux triomphaient en Italie.

Le roi se disposait à passer le Rhin, lorsqu'il fut attaqué d'une maladie dangereuse qui le força de s'arrêter à Metz. Toute la France fut dans la douleur. Louis XV s'était montré bon, humain, généreux : le peuple voyait en lui un père. C'est alors que, d'une voix unanime, il reçut le surnom de *Bien-Aimé*.

Rendu à la santé, Louis XV se couvre de nouveaux lauriers. Il assiége et prend Fribourg, gagne la fameuse bataille de Fontenoi, et donne ensuite une paix glorieuse à la France par le traité d'Aix-la-Chapelle, signé en 1748.

Il s'occupa alors du bonheur de ses peuples et de la prospérité de son royaume. On lui dut l'établissement d'une École militaire, en faveur des jeunes gentilshommes sans fortune.

Mais les Anglais viennent troubler la tranquillité générale, et la guerre recommence.

Port-Mahon emporté par le maréchal de Richelieu, la conquête du Hanovre, des succès nombreux sur différens points, tout faisait espérer que la France conserverait l'avantage, lorsque le roi de Prusse mit en déroute l'armée française à Rosbac. Dès ce moment, les revers se multiplièrent, jusqu'en 1761, que toutes les branches souveraines de la maison de France formèrent un *pacte de famille* pour obtenir la paix générale, qui fut signée à Paris.

Louis XV continua de mériter le surnom de *Bien-Aimé*. Il mourut le 10 mai 1774, à l'âge de soixante-quatre ans, après en avoir régné cinquante-neuf. Un monstre, nommé Damiens, attenta à ses jours en 1757, et subit la juste punition de son crime.

Louis XV avait un esprit juste et solide, un cœur sensible et bon. On lui demanda, lorsqu'il était encore enfant : « Quelles sont les personnes que votre majesté doit aimer ?—Les honnêtes gens, répondit-il.—Et, continua-t-on, quelles sont celles que vous devez fuir ? —Les flatteurs, reprit le prince. » A la bataille de Fontenoi, il s'écriait, touché du spectacle des morts et des mourans : « Ayez soin des » Français, ce sont mes enfans ; ayez soin aussi » des ennemis. »

1774. — Louis XVI, dit *le Martyr*.

Le duc de Berri, fils de Louis, dauphin, et petit-fils de Louis XV, monta sur le trône ; il était âgé de vingt ans. Ce prince vertueux travailla sans cesse au bonheur de son peuple, et fut sans cesse en butte aux malheurs les plus inouis.

Il commença par s'entourer de personnes vertueuses, et chassa de la cour toutes celles dont les mœurs étaient suspectes. Les premiers actes de son pouvoir furent des actes de bienfaisance et de justice. Il supprima des impôts, garantit les créances de l'Etat, rappela des exilés, réprima l'usure en établissant le mont-de-piété, créa une caisse d'escompte en faveur des commerçans, adoucit le code criminel en abolissant la torture. Il visita son royaume, et partout il se montra bon, humain, généreux.

Louis XVI, cédant aux conseils de ceux qui l'entouraient, entreprit contre l'Angleterre la guerre de l'indépendance de l'Amérique. Cette expédition épuisa les finances de l'Etat : toutefois le monarque se refusa à créer de nouveaux impôts. Il réunit les notables, puis les Etats-généraux, pour chercher avec eux les moyens de subvenir aux besoins de l'Etat sans froisser son peuple. Ces conférences n'amenèrent aucun résultat favorable. Une assemblée nationale se forma ; une convention dite aussi nationale lui succéda ; des factions sans nombre agitèrent la France, et le roi en devint la déplorable victime : on l'outragea, on l'enferma avec sa famille : et le meilleur des hommes et des rois, le digne petit-fils de Henri IV périt sur l'échafaud, le 21 janvier 1793. Il marcha au supplice avec le courage d'un saint martyr. « Français, dit-il avant d'expirer, je meurs innocent. Je pardonne à mes ennemis, et souhaite que ma mort soit utile au peuple. » Son confesseur lui fit un dernier adieu, en lui adressant ces paroles consolantes : « Fils de saint Louis,
» montez au ciel ! »

1773. — Louis XVII.

Le dauphin, fils de Louis XVI, victime aussi des fureurs révolutionnaires, resta enfermé au Temple après la mort de son vertu père. Ce jeune prince souffrit avec courage les traitemens les plus durs, et termina ses jours infortunés dans sa prison en 1794. Il était né en 1785.

1794. — Louis XVIII, dit *le Désiré*.

Le comte de Provence, frère de Louis XVI, était l'héritier du trône; mais forcé de s'expatrier avec sa famille, pour échapper au fer assassin des hommes coupables qui s'étaient mis en France à la tête des affaires, il vécut dans l'exil environ vingt-cinq ans.

Pendant ce temps, la France changea plusieurs fois de gouvernement; elle se forma d'abord en république, et se vit déchirée au-dedans par les factions, attaquée au-dehors par toutes les puissances de l'Europe; mais elle acquit une grande gloire militaire; on eût dit que le courage et les vertus, honteux de nos désordres, s'étaient réfugiés dans les camps.

Un soldat heureux, Napoléon Bonaparte,

osa s'asseoir sur le trône de saint Louis. Il en fut chassé au commencement de l'année 1814, et la France revit enfin son roi légitime.

Louis XVIII, désiré ardemment de tous les bons Français, ramena avec lui les vertus exilées; il rendit à nos vœux la fille de Louis XVI, et les dignes descendans de Henri IV.

La France se trouvait envahie par les armées étrangères; toutes les calamités pesaient sur elle. Louis XVIII parut, et nous rendit la paix et le bonheur; ses vertus, sa clémence, son grand art de régner, font sentir vivement aux Français tout ce qu'ils ont perdu.

FIN.

divinité qui punisse ce que la justice humaine
réprimer; mais aussi il est clair qu'il vaudrait
ne pas reconnaître de Dieu que d'en adorer un
auquel on sacrifierait des hommes, comme on
hez tant de nations.

vérité sera hors de doute par un exemple frap-
ès Juifs, sous Moïse, n'avaient aucune notion
rtalité de l'âme et d'une autre vie. Leur légis-
ne leur annonce, de la part de Dieu, que des
enses et des peines purement temporelles; il ne
onc pour eux que de vivre. Or, Moïse commande
ites d'égorger vingt-trois mille de leurs frères,
oir eu un veau d'or ou doré. Dans une autre
n, on en massacre vingt-quatre mille pour avoir
merce avec les filles du pays; et douze mille sont
de mort, parce que quelques-uns d'entre eux
lu soutenir l'arche qui était près de tomber. On
respectant les décrets de la Providence, affir-
nainement qu'il eût mieux valu pour ces cin-
neuf mille hommes, qui ne croyaient pas une
être absolument athées et vivre, que d'être
au nom du Dieu qu'ils reconnaissaient.

très-certain qu'on n'enseigne point l'athéisme
écoles des lettrés à la Chine; mais il y a beau-
ces lettrés athées, parce qu'ils ne sont que
ment philosophes. Or il est sûr qu'il vaudrait
re avec eux à Pékin, en jouissant de la dou-
urs mœurs et de leurs lois, que d'être exposé
à gémir chargé de fers dans les prisons de
on, pour en sortir couvert d'une robe en-
arsemée de diables, et pour expirer dans les

ont soutenu qu'une société d'athées pou-

www.ingramcontent.com/pod-product-compliance
Lightning Source LLC
Chambersburg PA
CBHW070532100426
42743CB00010B/2055